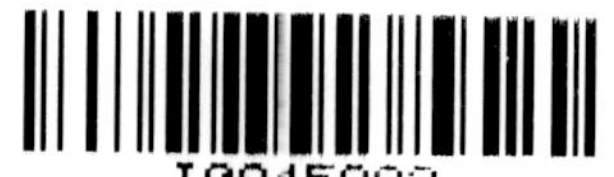
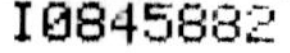
I0845882

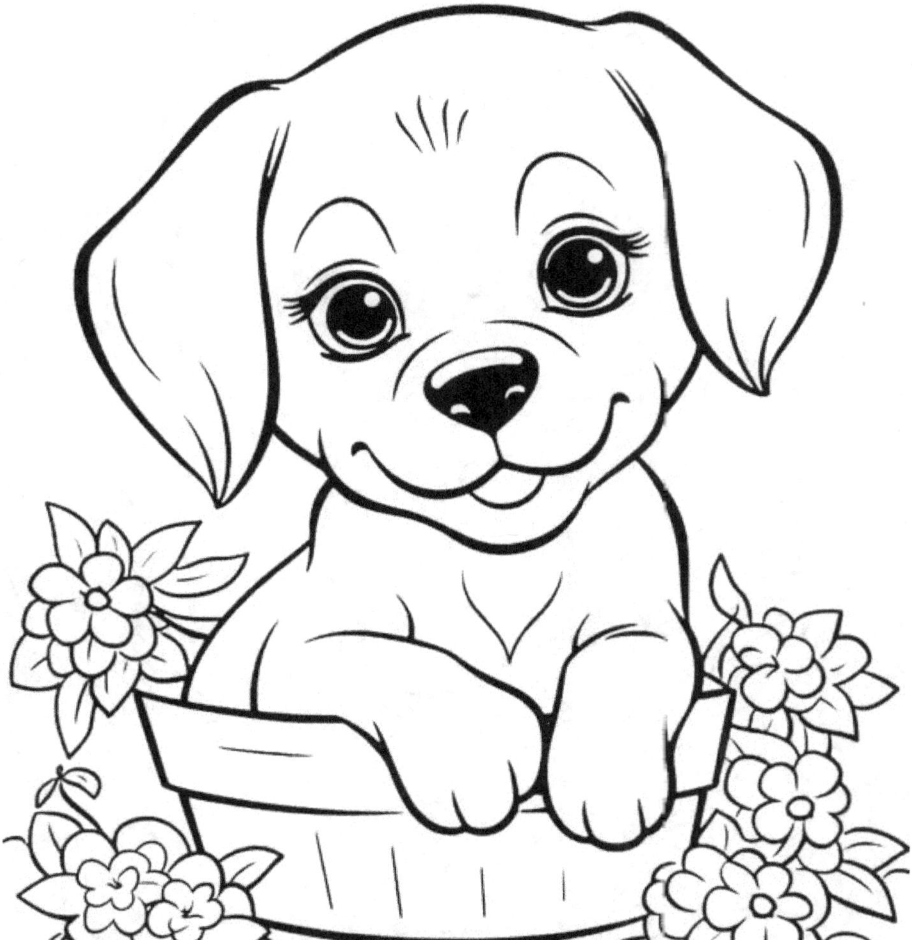

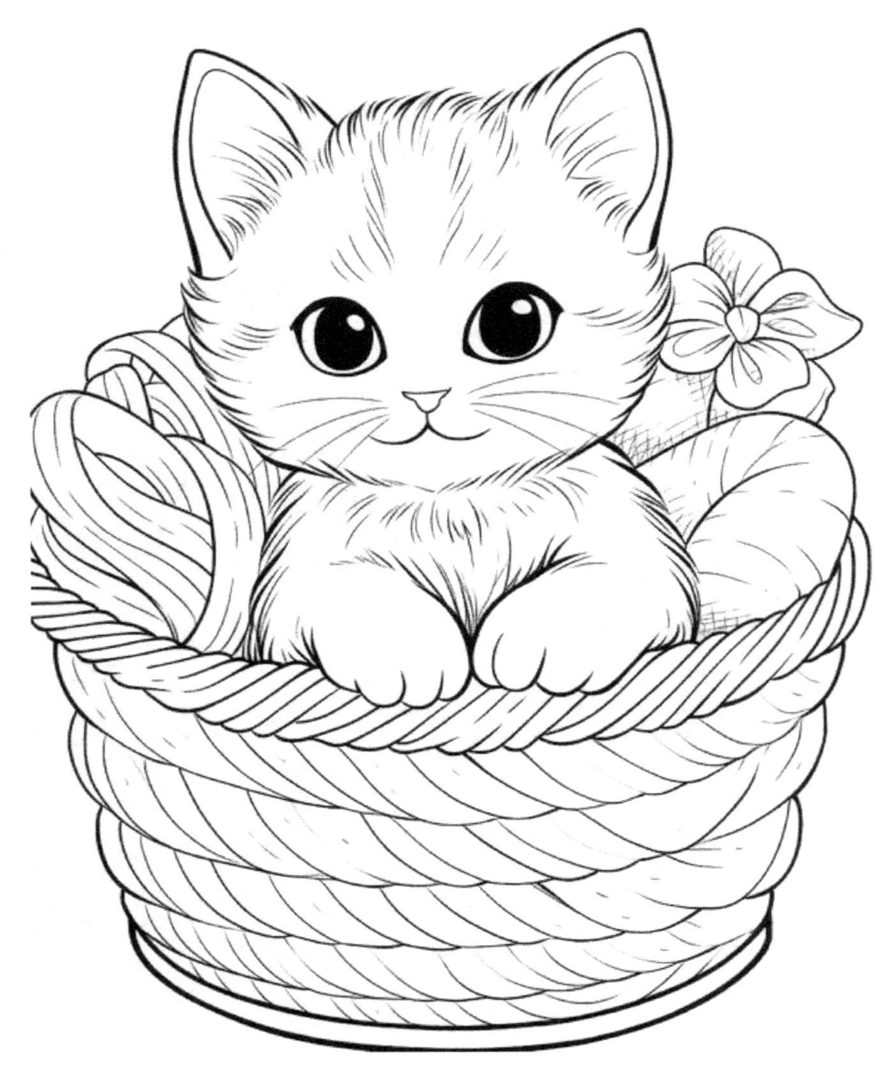

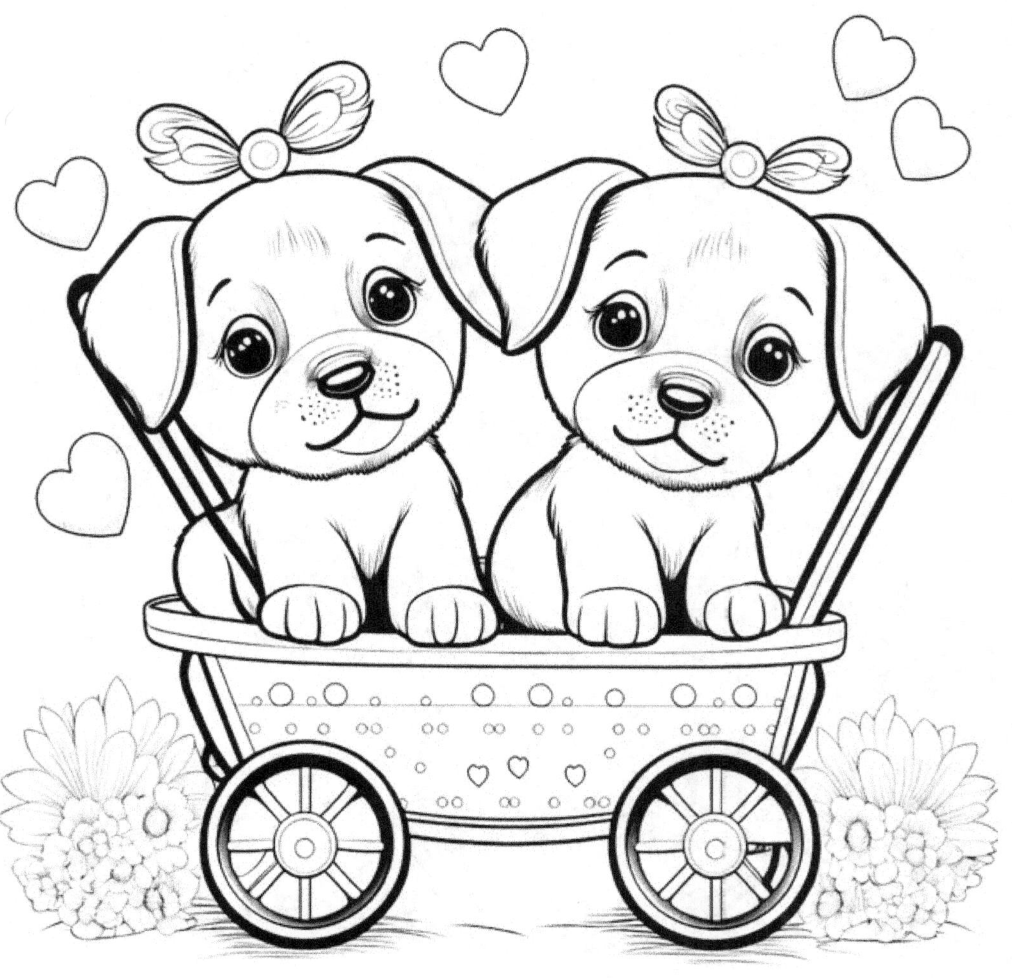

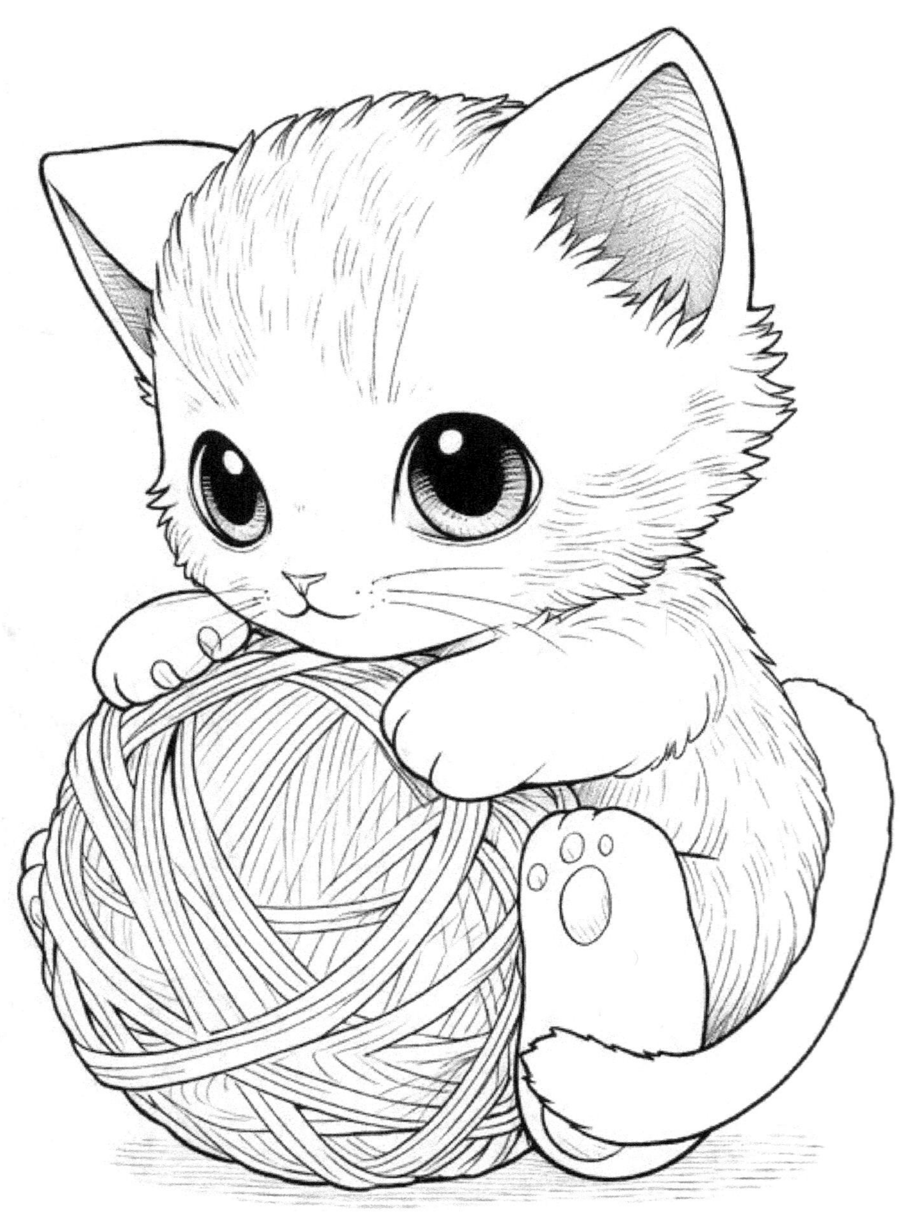

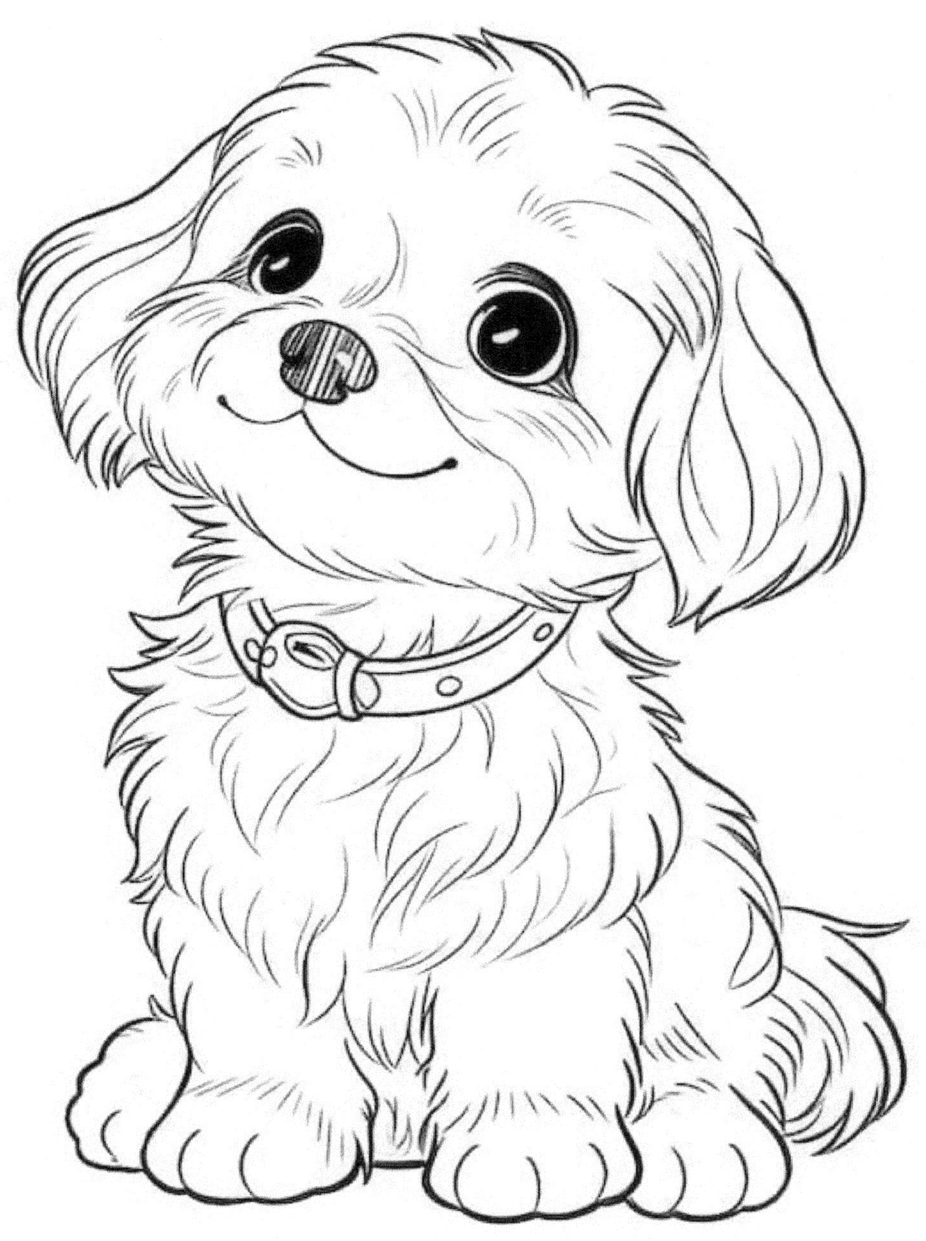

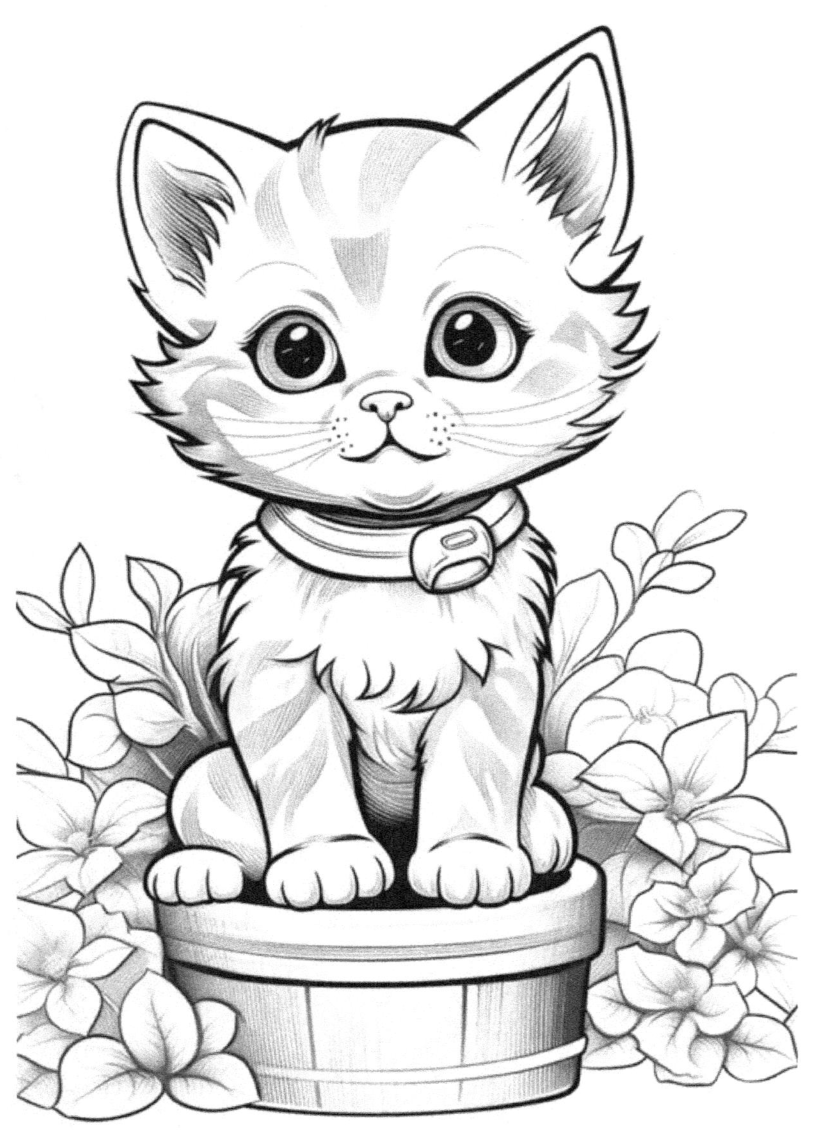

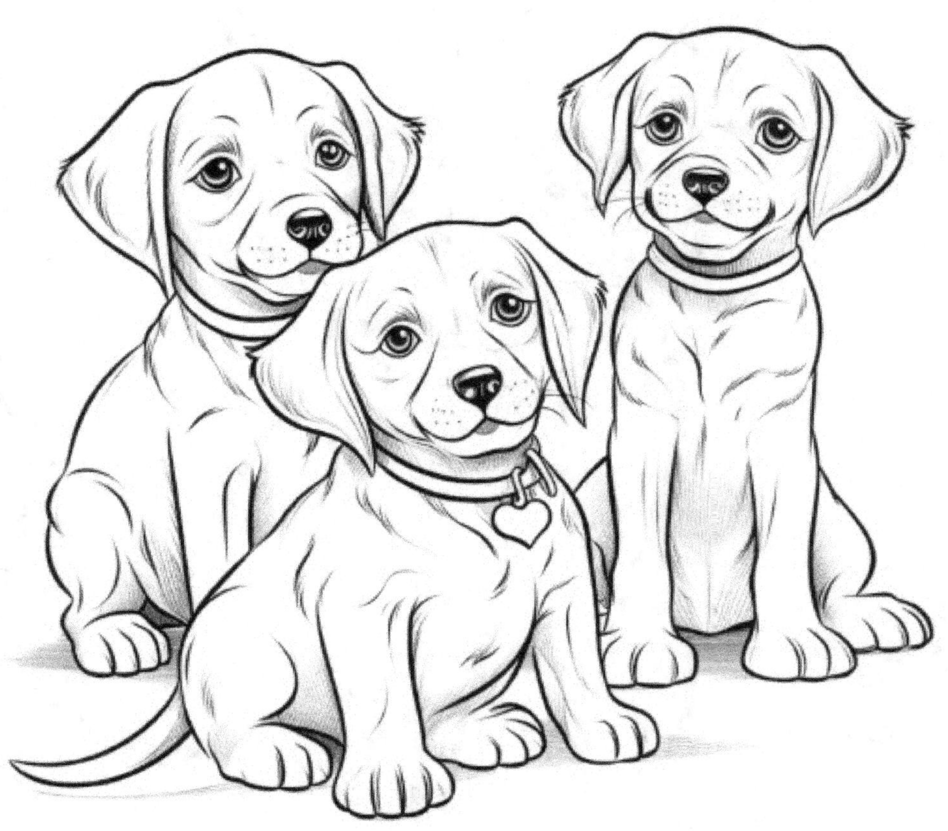

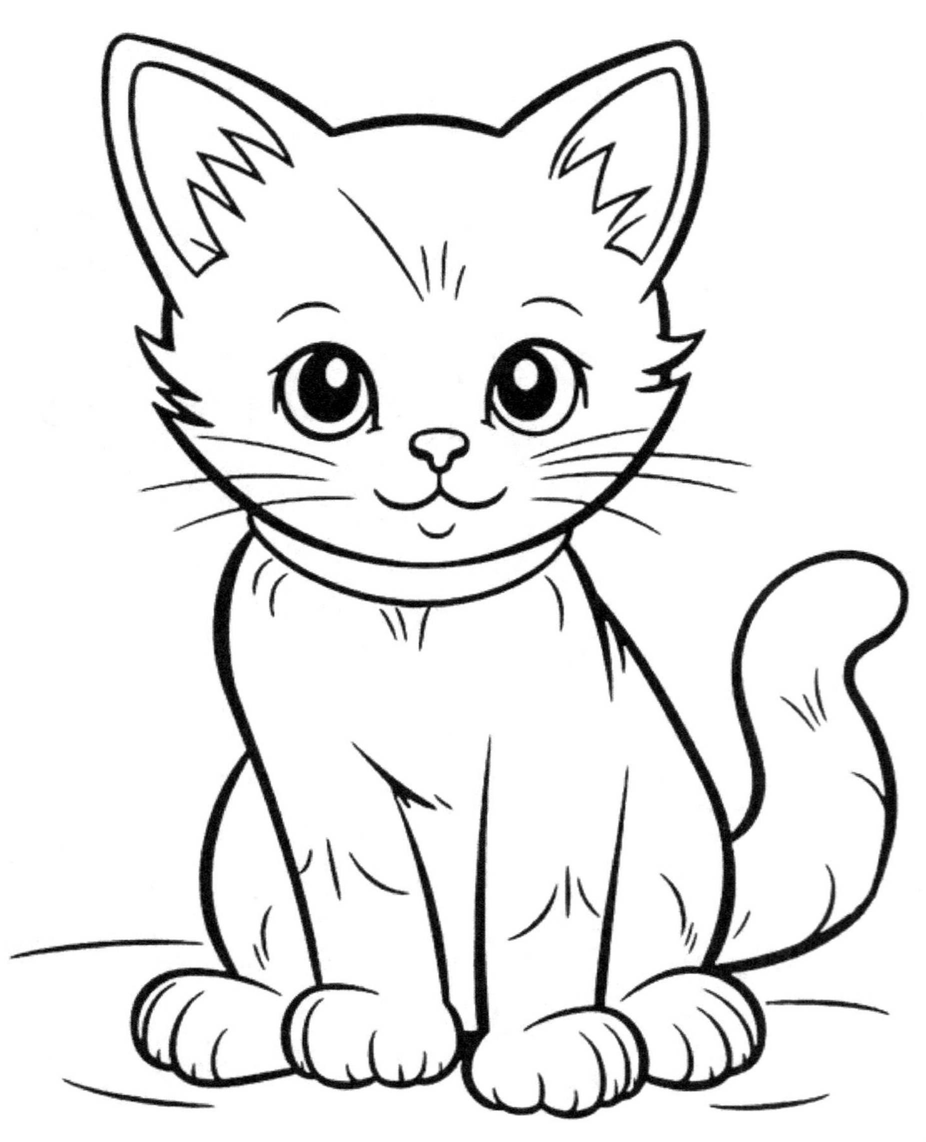

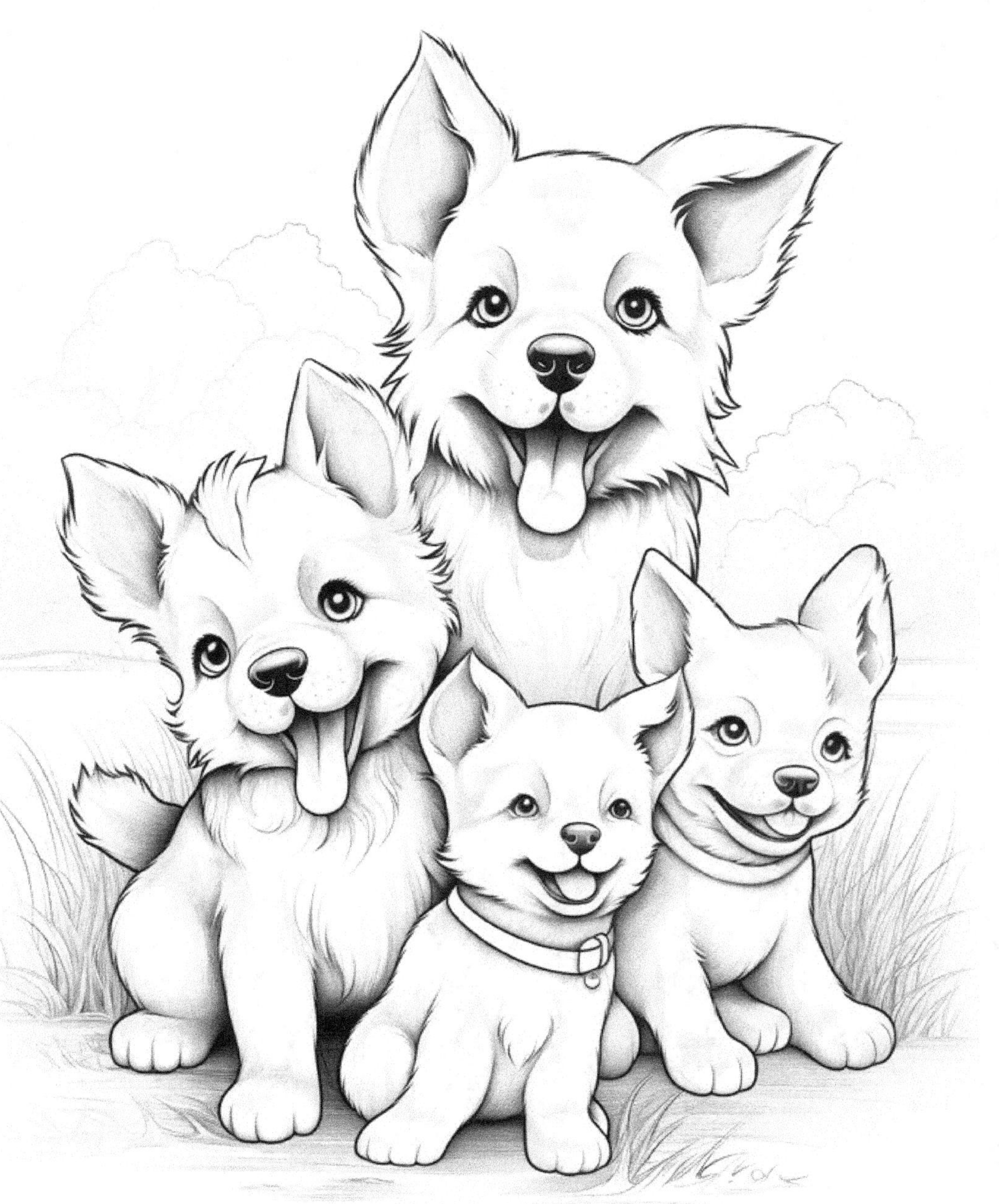

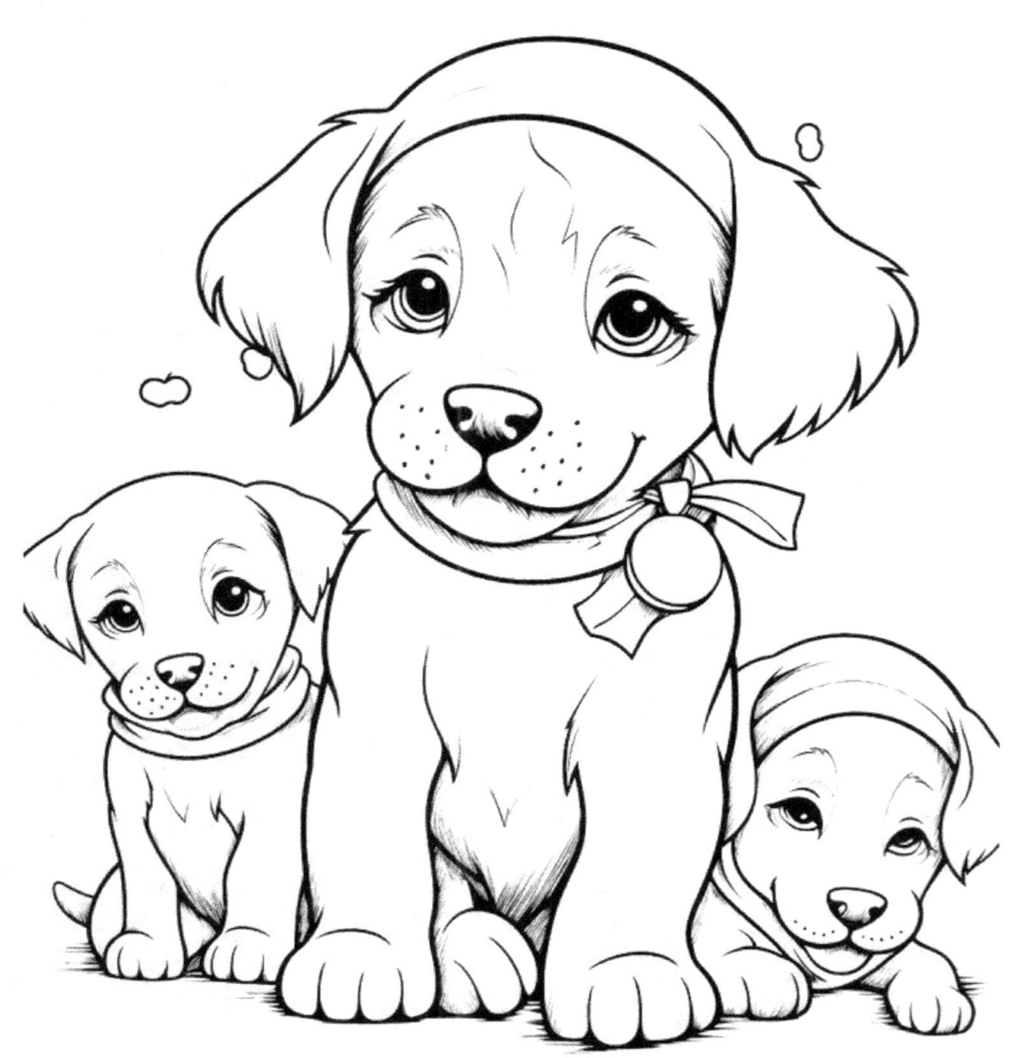

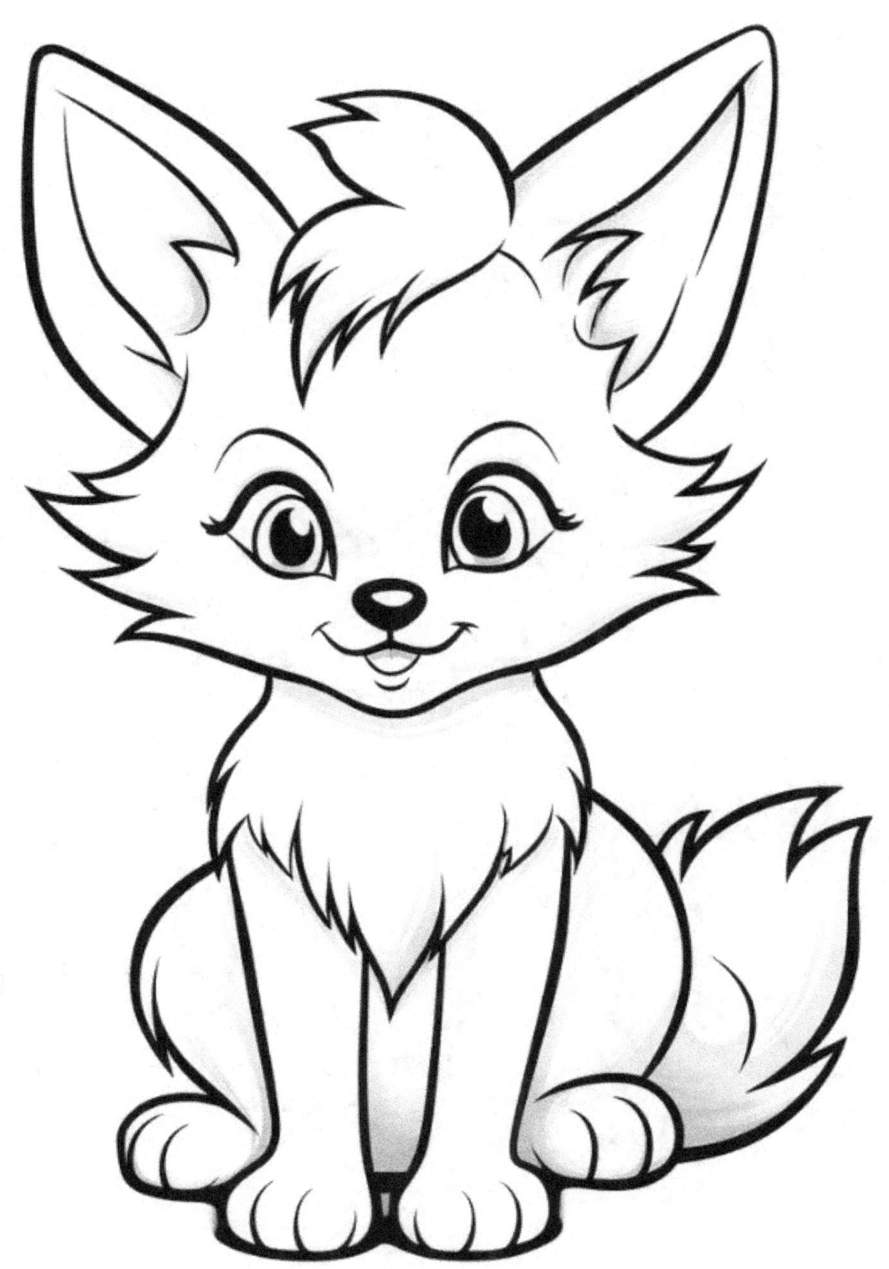

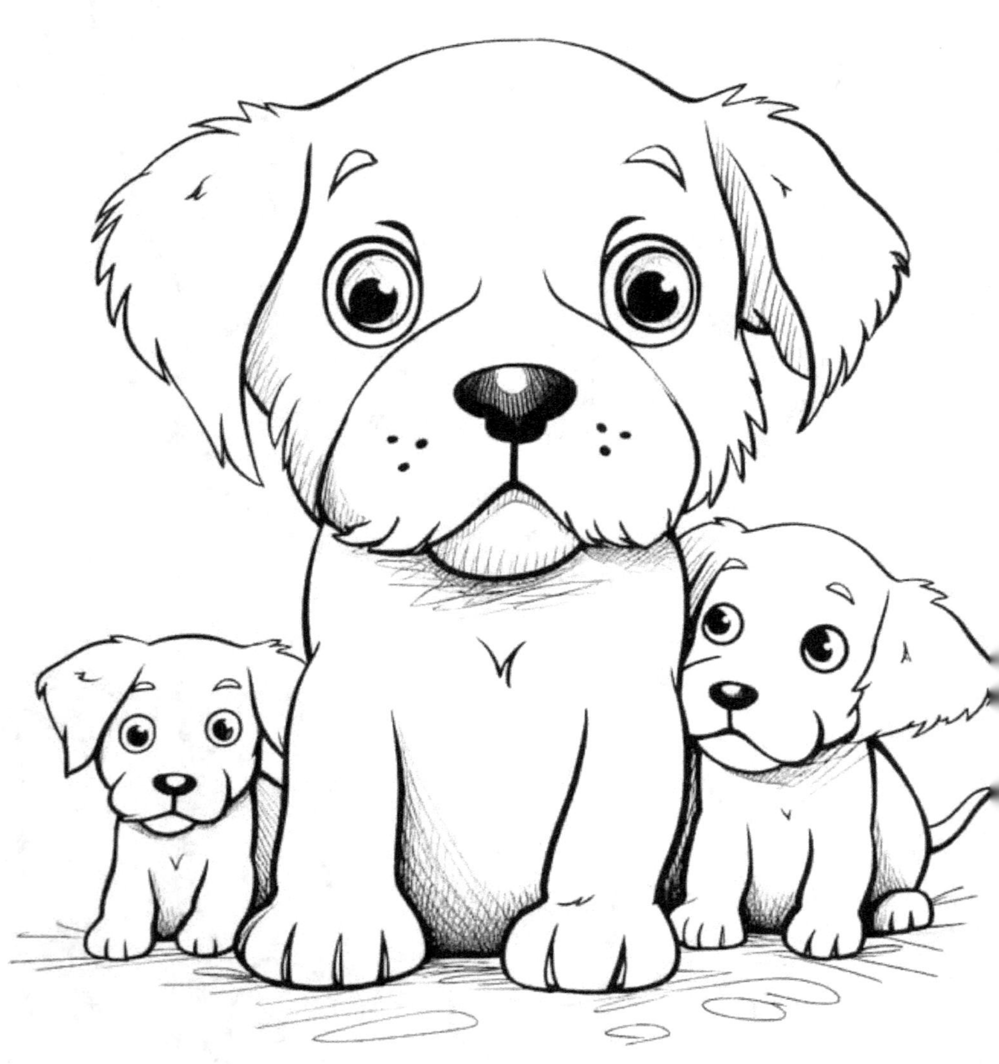

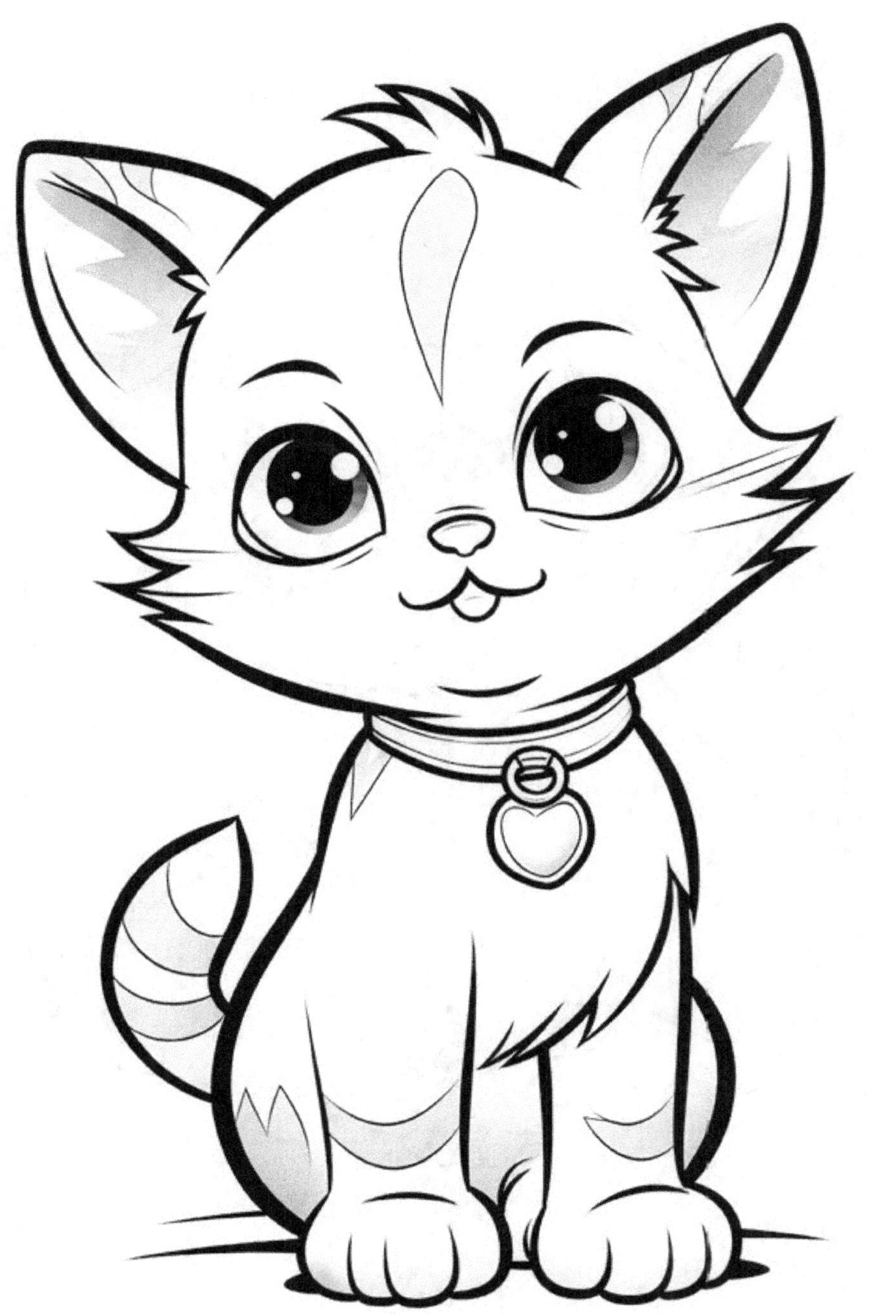

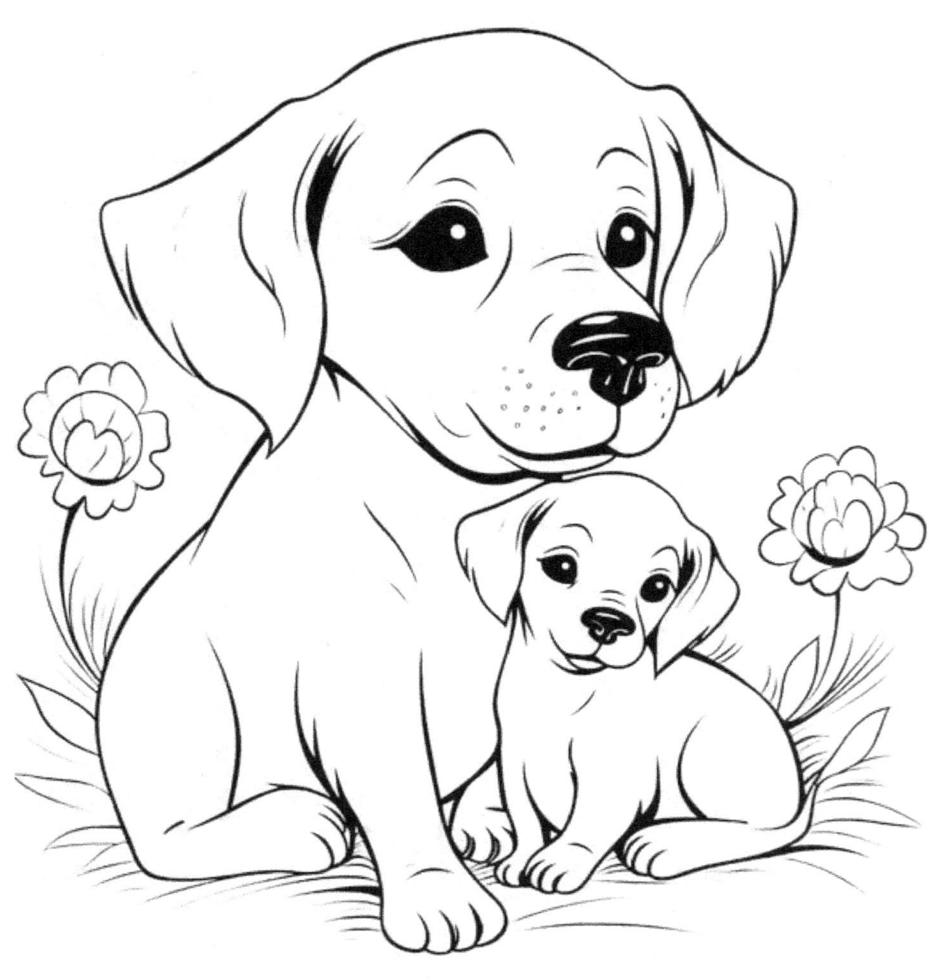

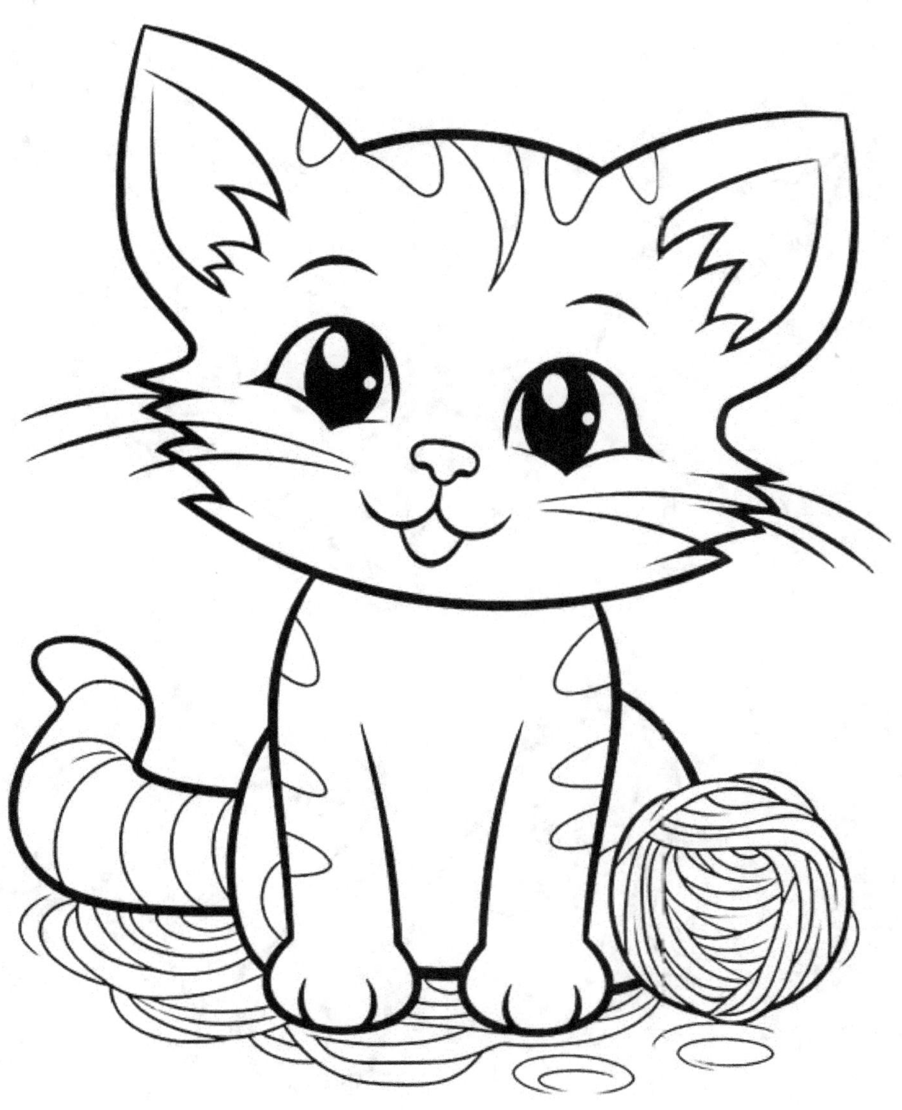

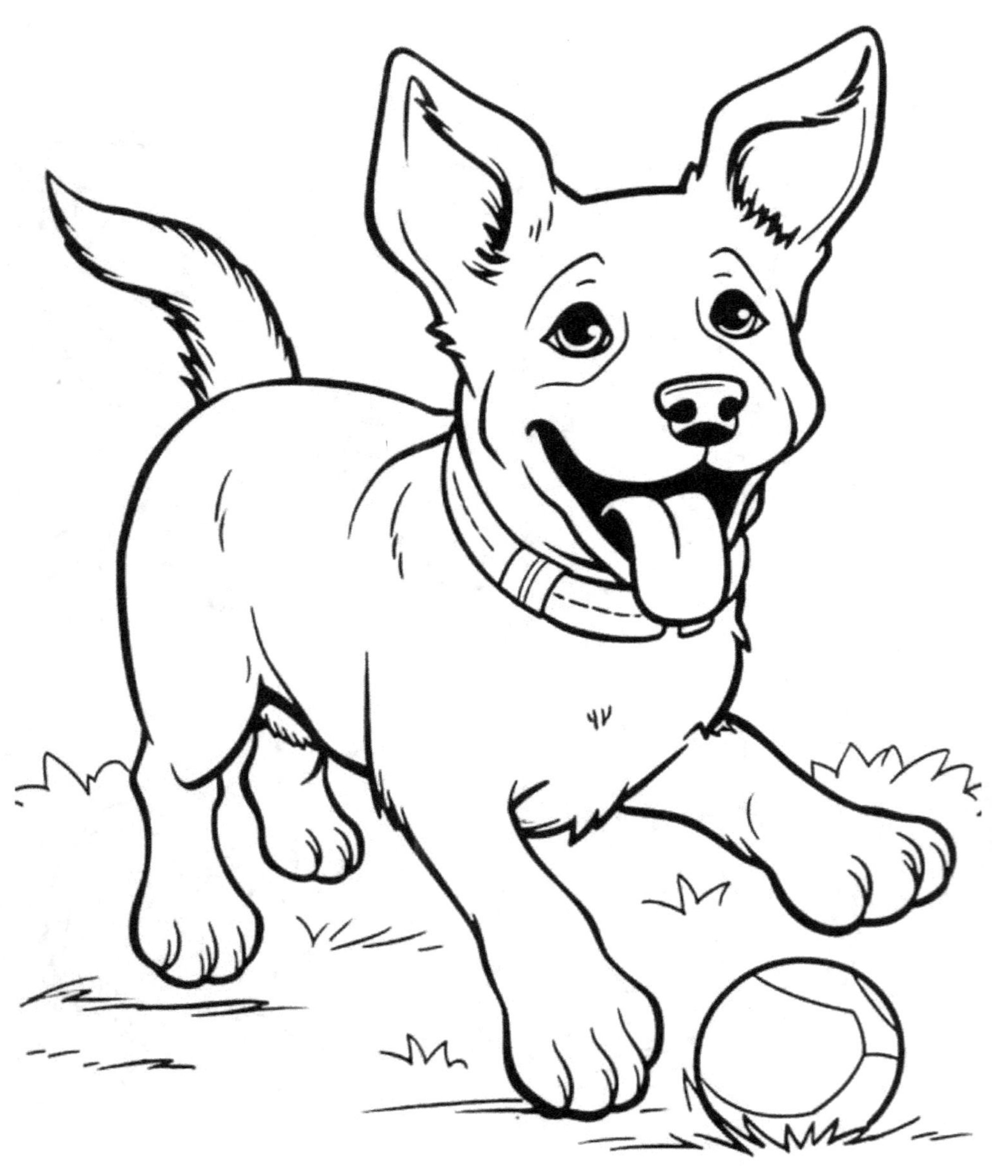

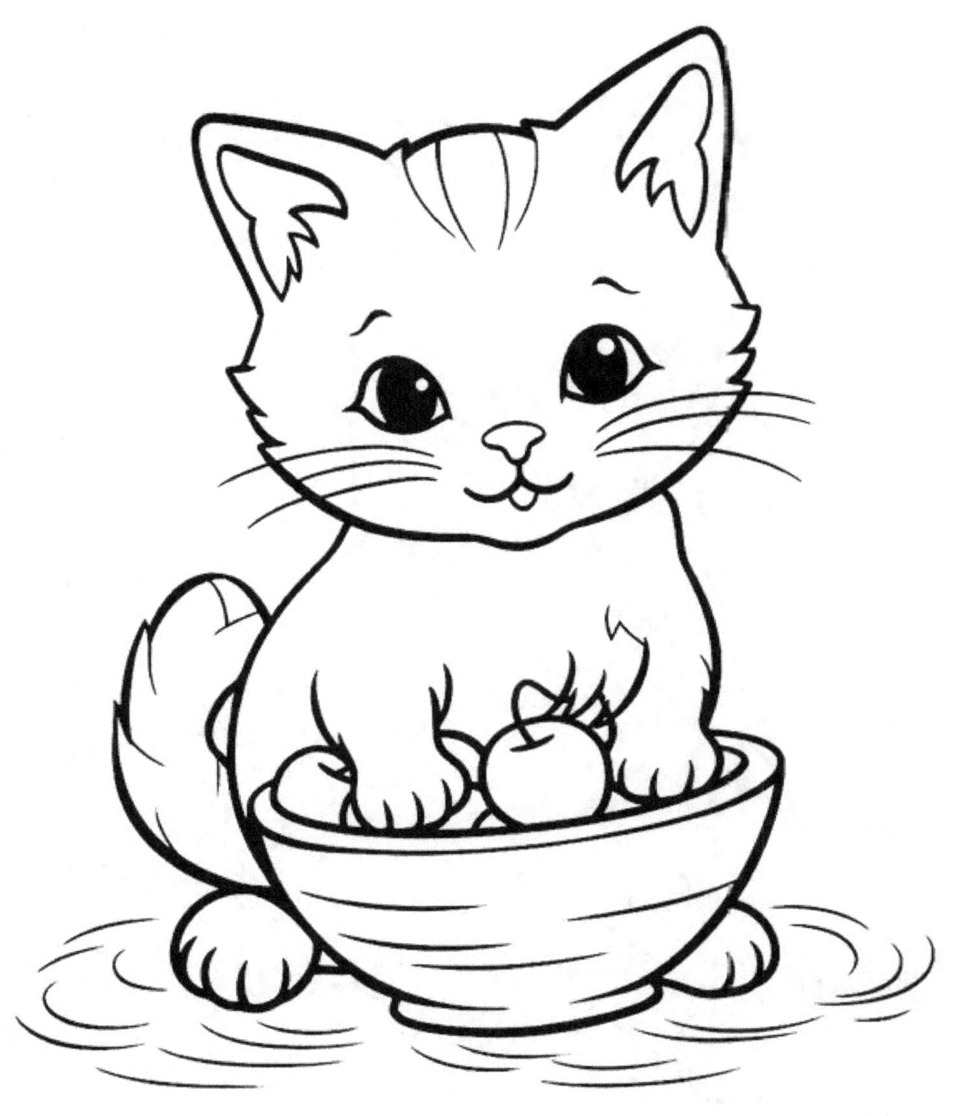

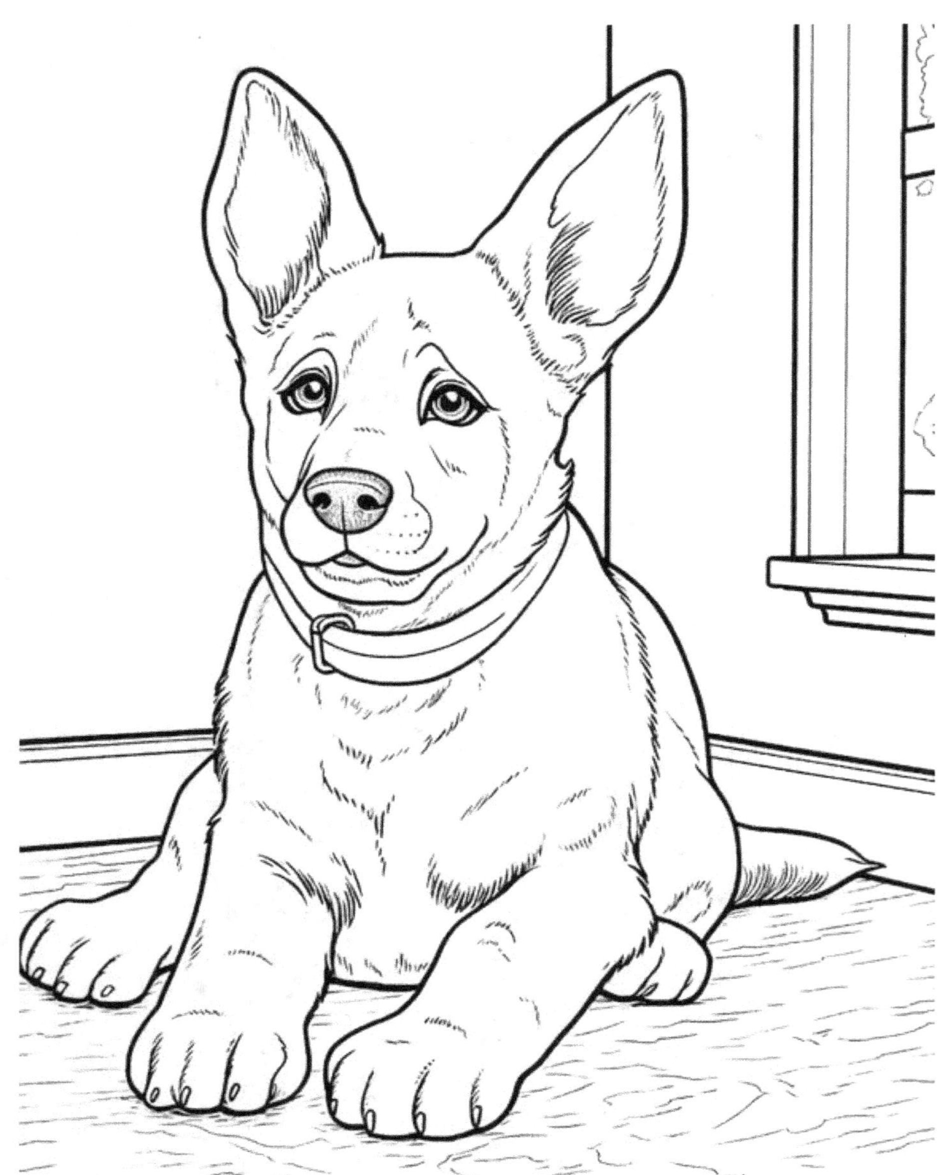

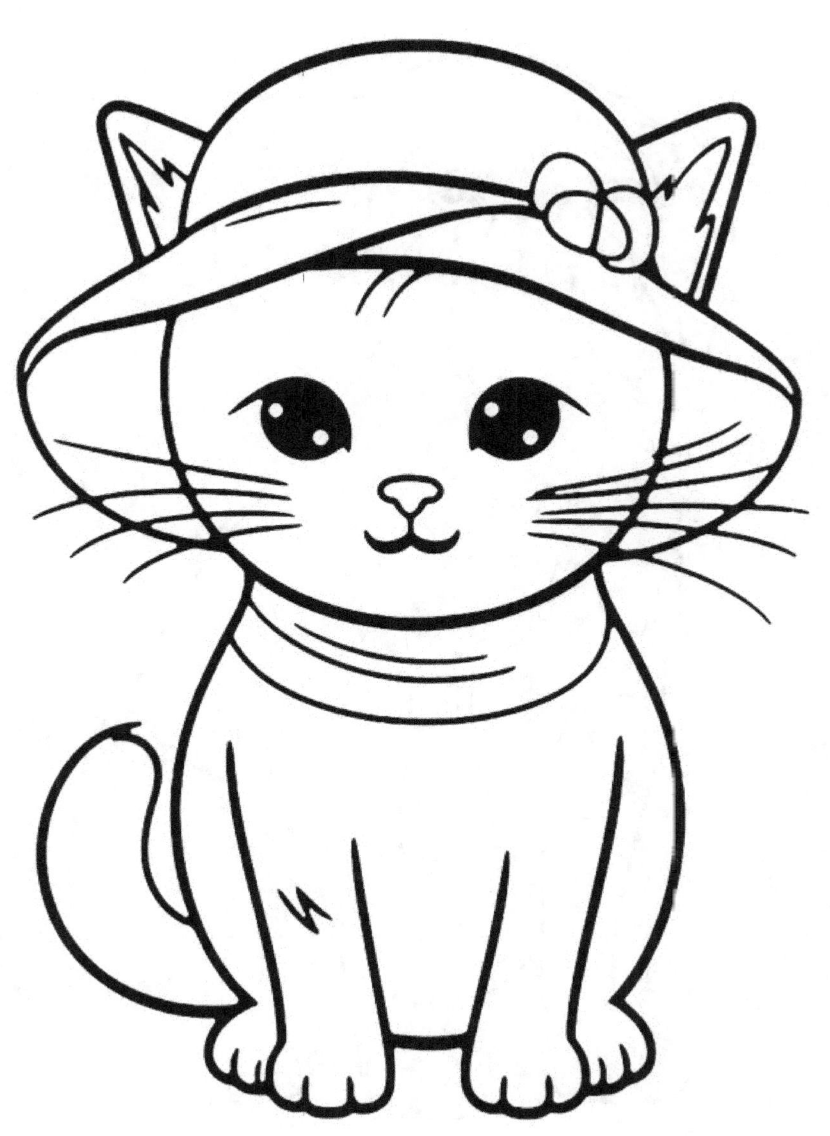

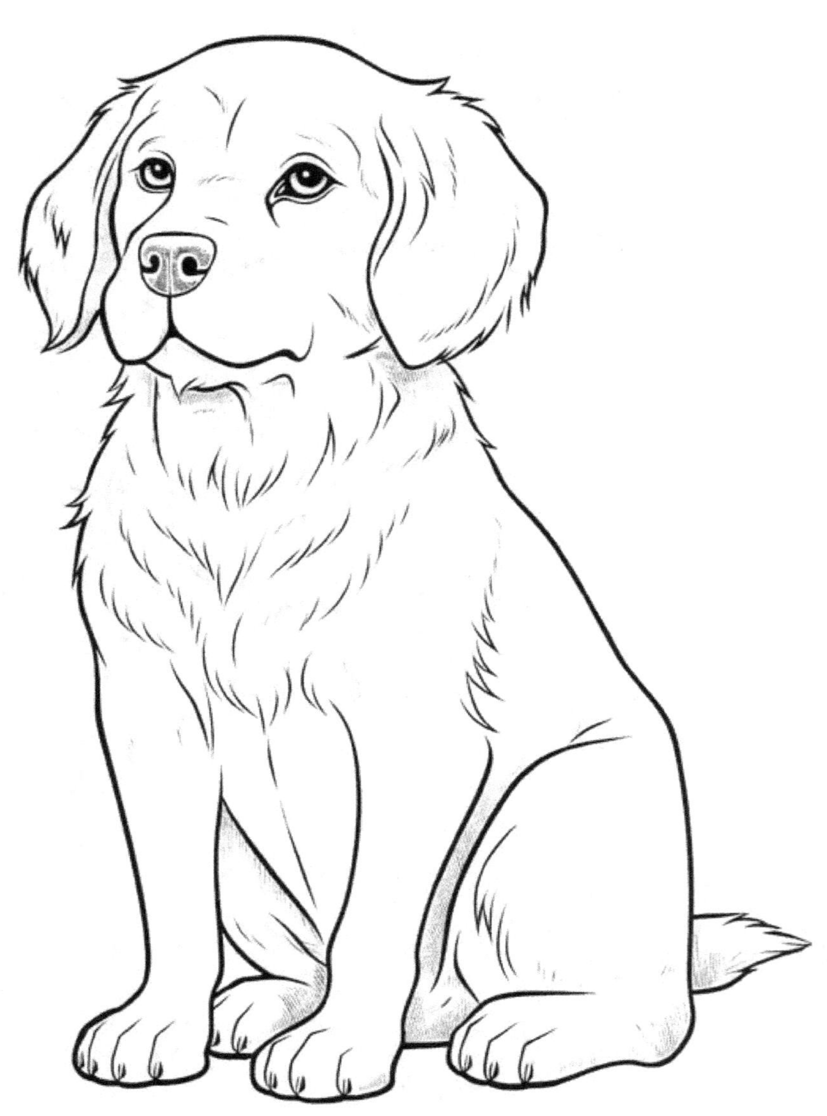

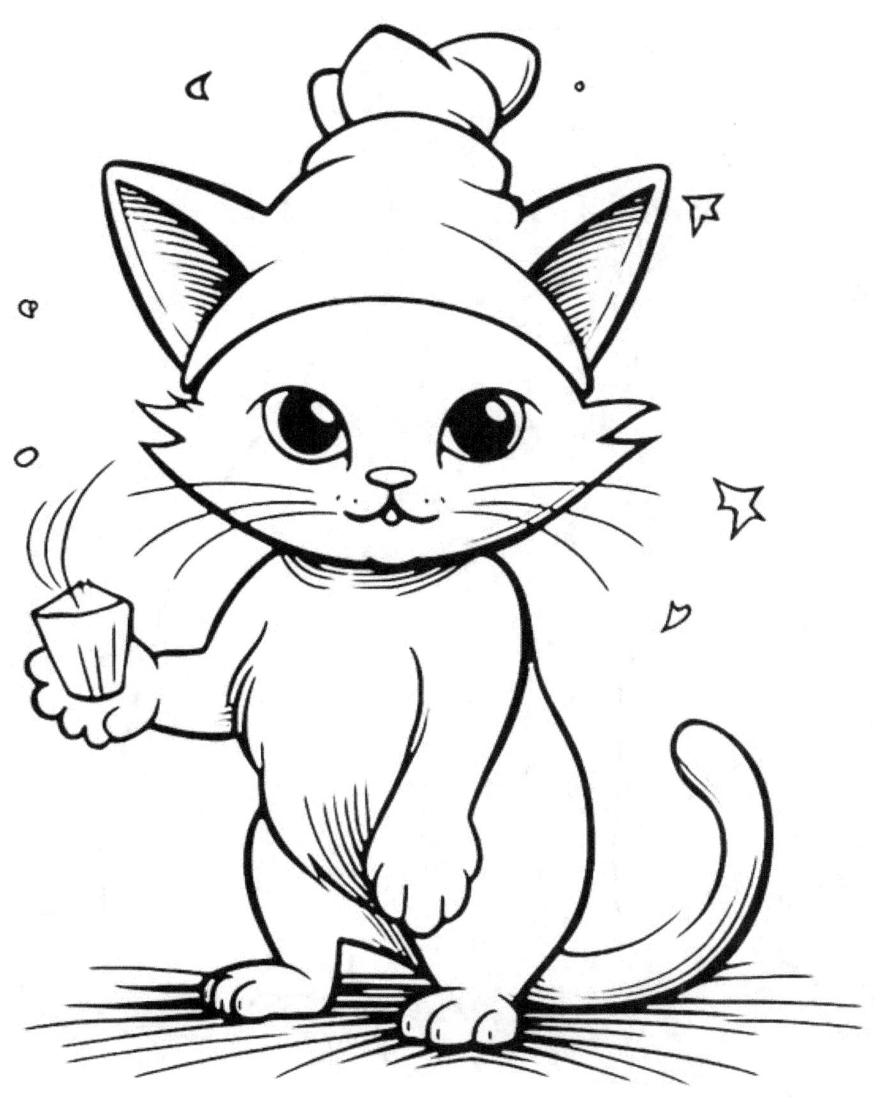

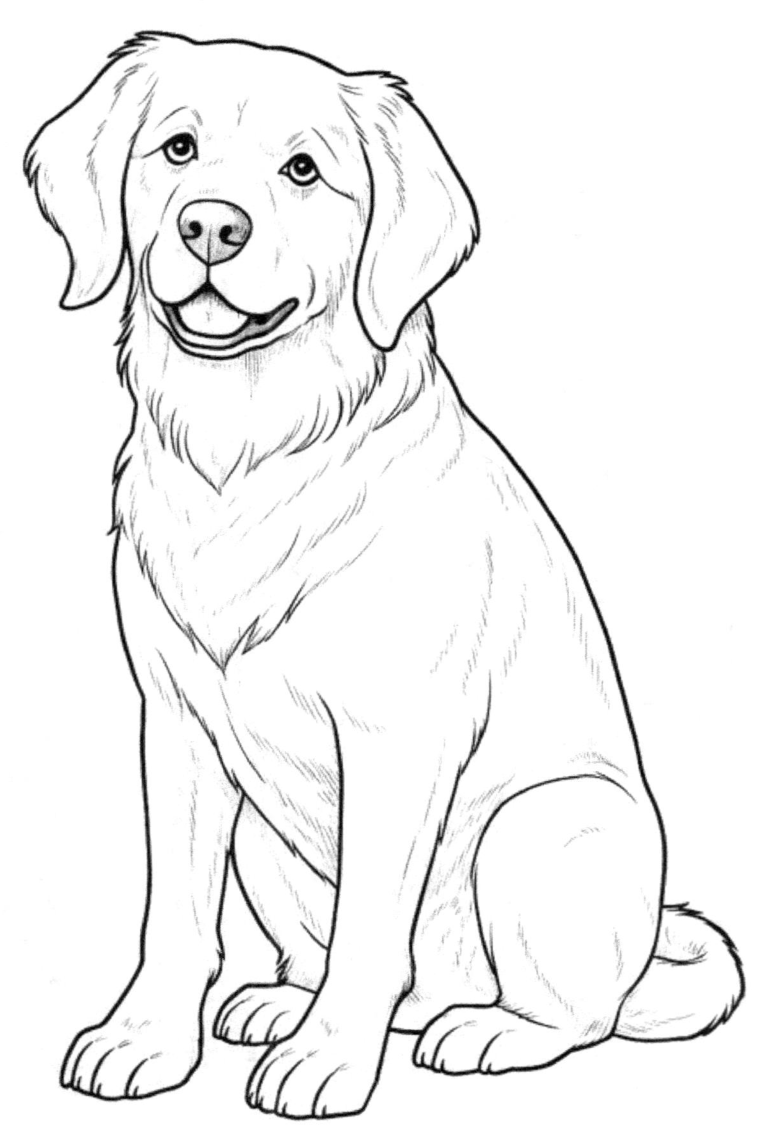

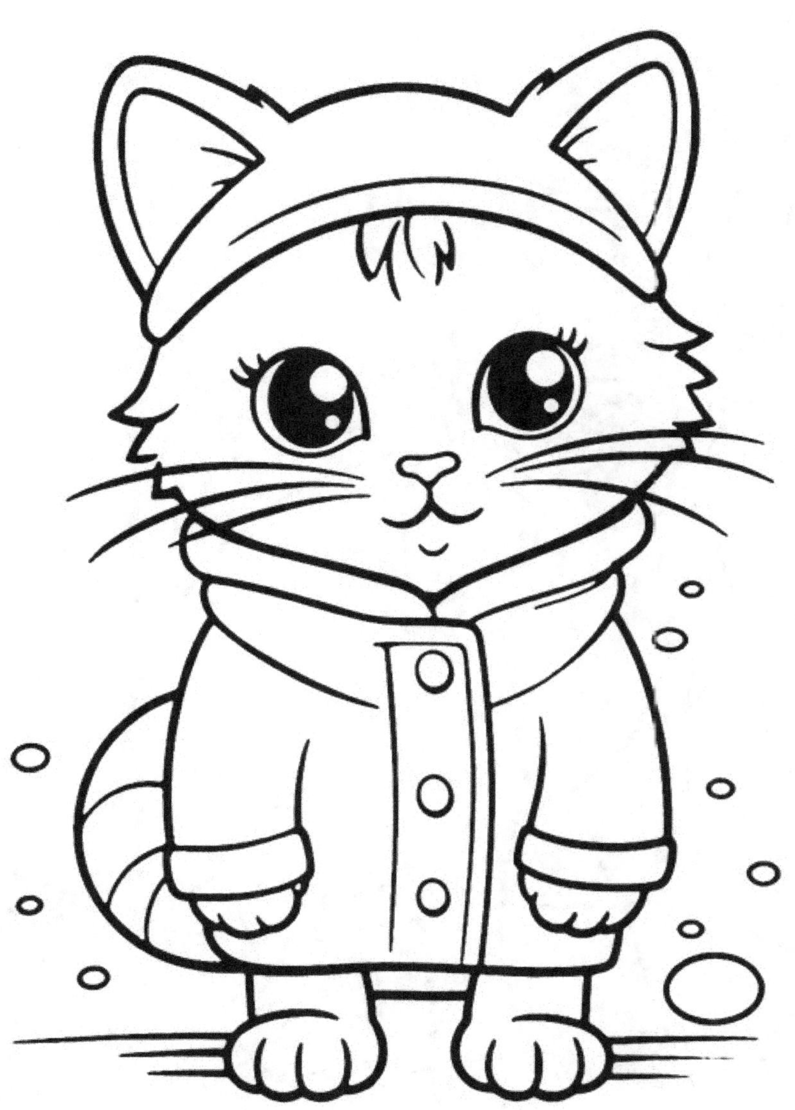

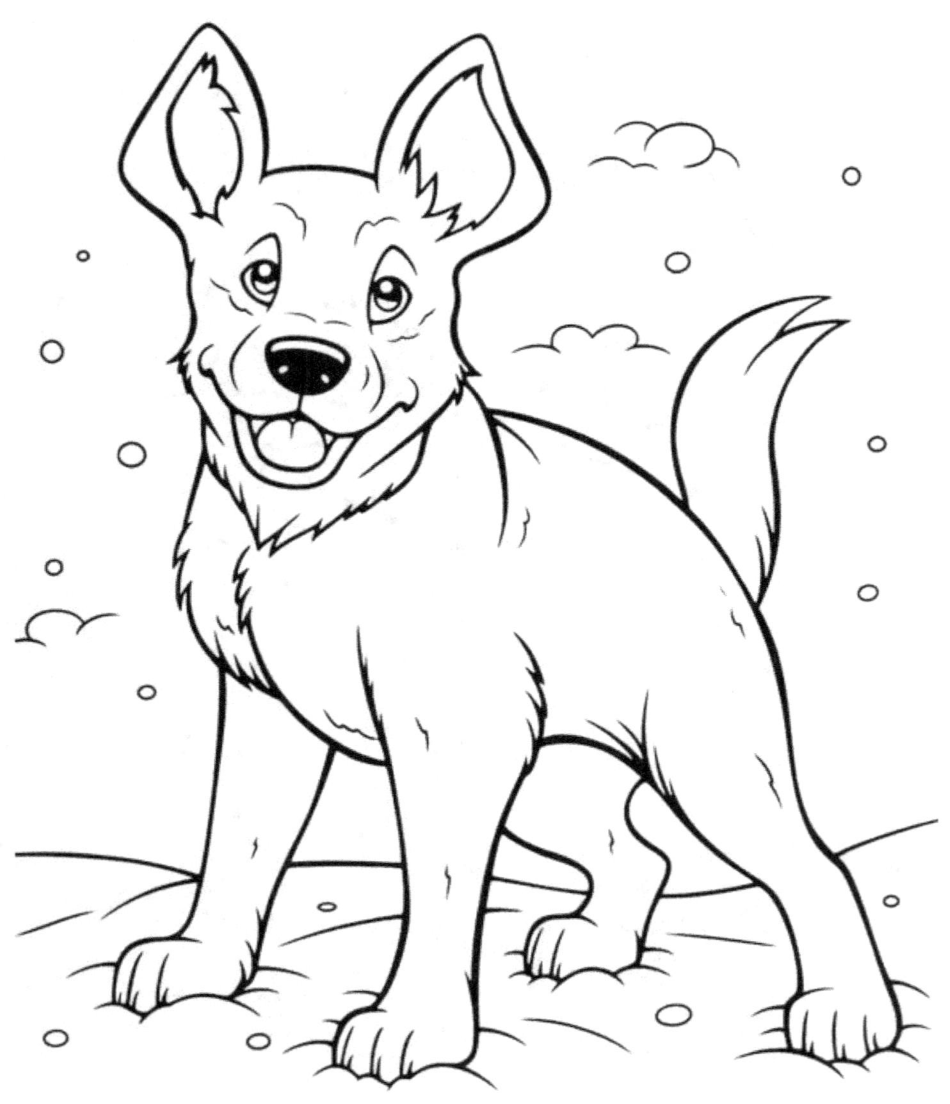

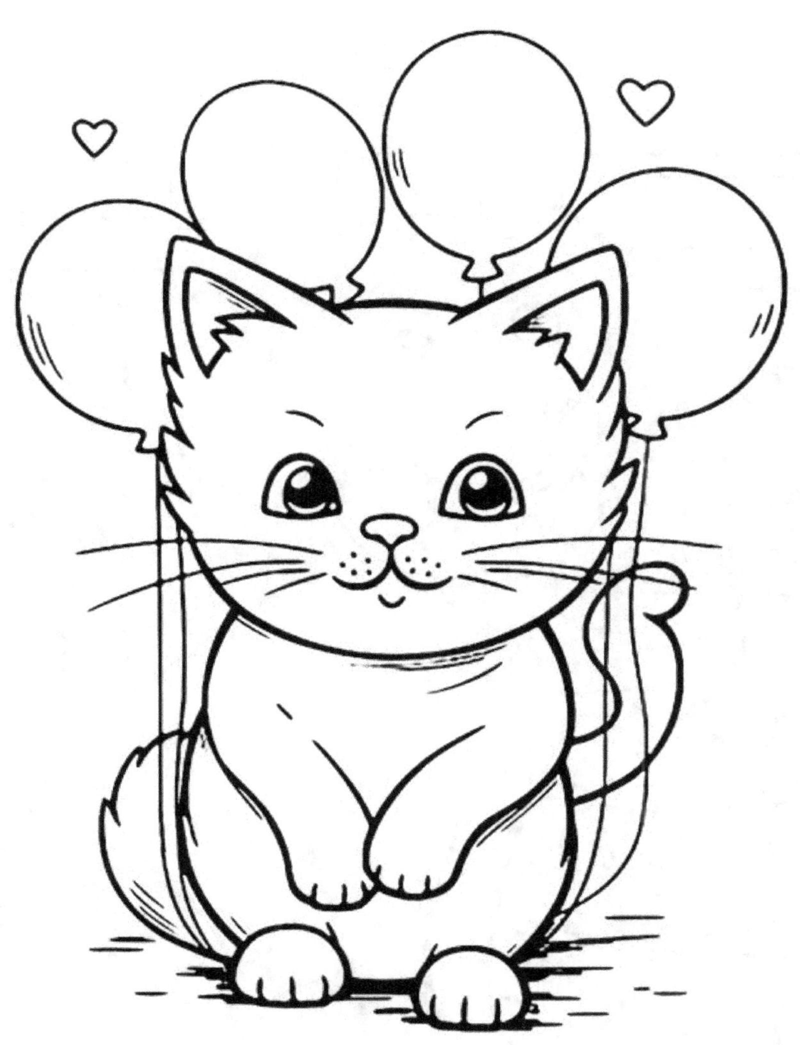

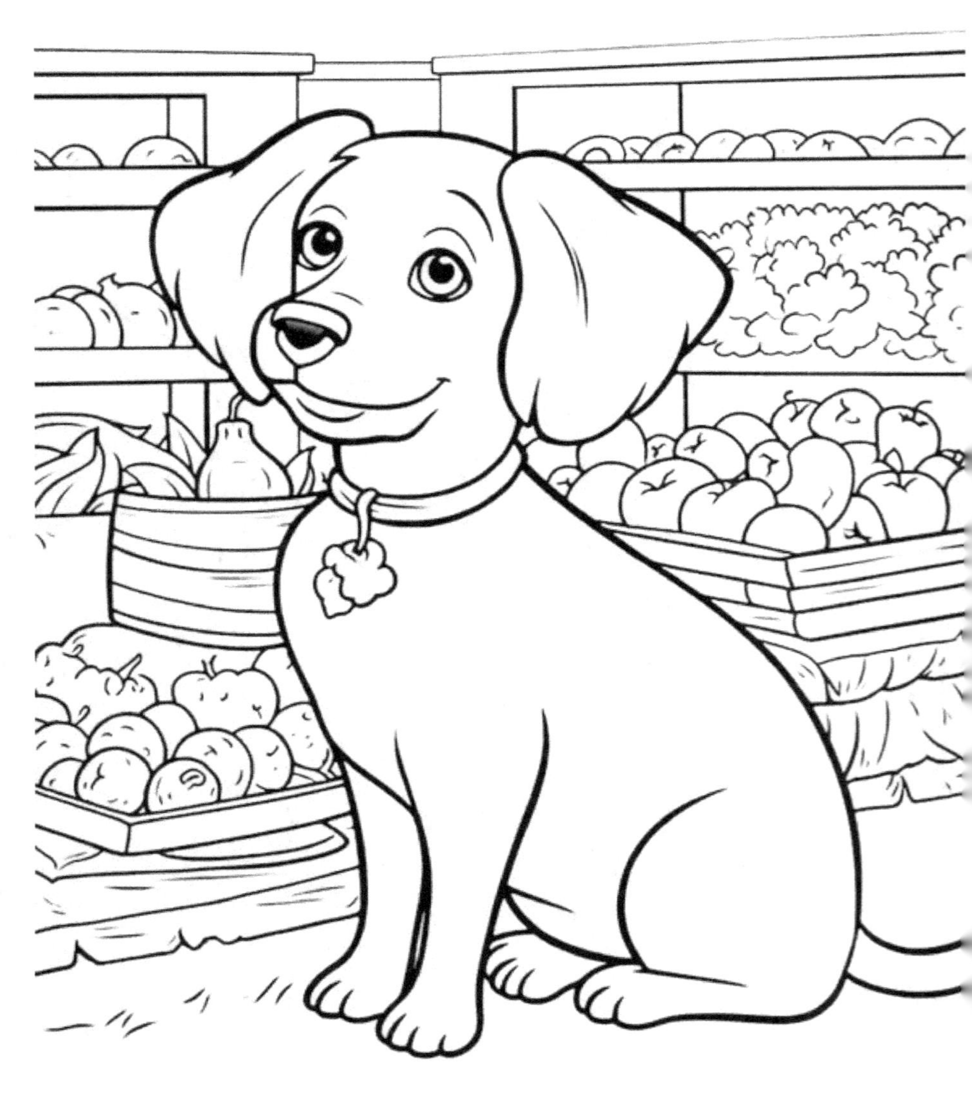

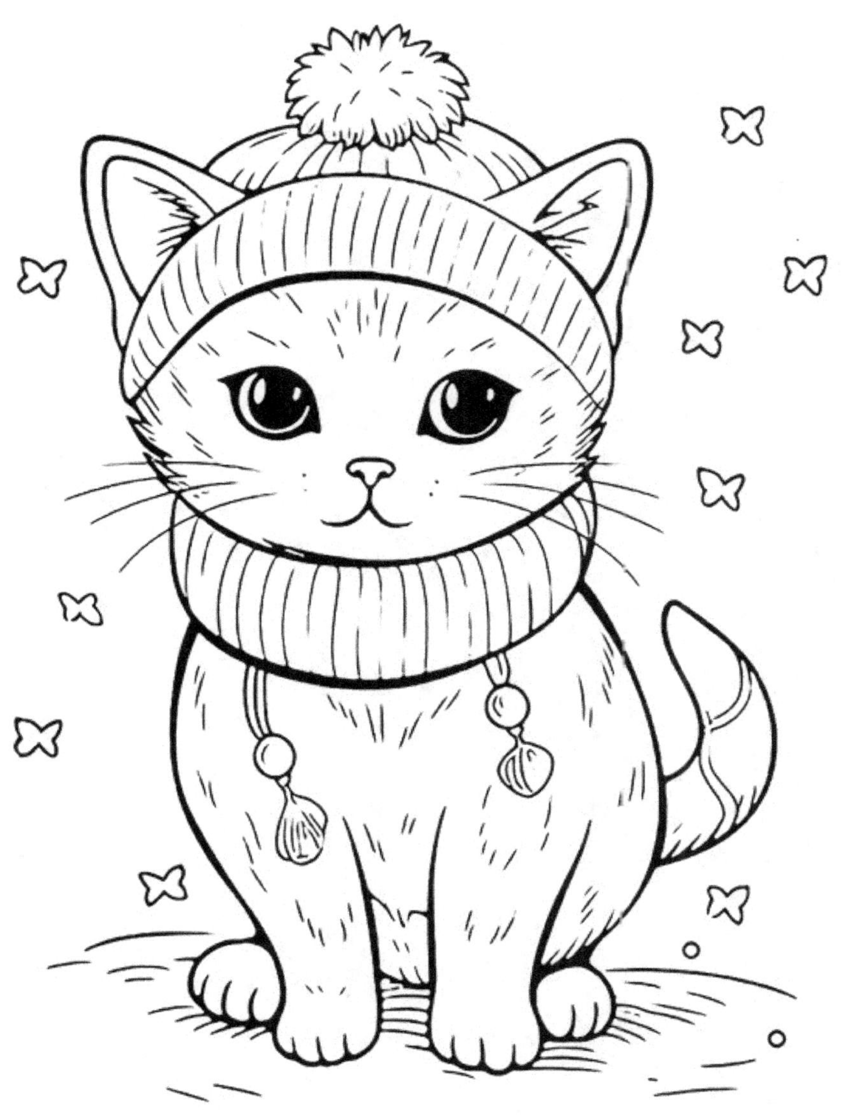

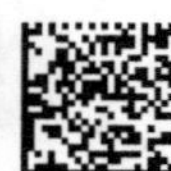

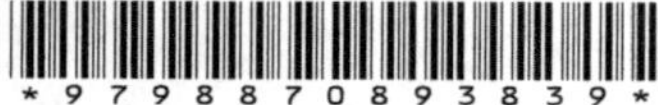
9 798870 893839